¡GATOS SALVAJES!
DEL MUNDO

LOS TIGRES

Por Melissa Cole
Fotografías por Tom y Pat Leeson

BLACKBIRCH® PRESS

THOMSON GALE

San Diego • Detroit • New York • San Francisco • Cleveland • New Haven, Conn. • Waterville, Maine • London • Munich

© 2002 by Blackbirch Press™. Blackbirch Press™ is an imprint of The Gale Group, Inc., a division of Thomson Learning, Inc.

Blackbirch Press™ and Thomson Learning™ are trademarks used herein under license.

For more information, contact
The Gale Group, Inc.
27500 Drake Rd.
Farmington Hills, MI 48331-3535
Or you can visit our Internet site at http://www.gale.com

ALL RIGHTS RESERVED
No part of this work covered by the copyright hereon may be reproduced or used in any form or by any means—graphic, electronic, or mechanical, including photocopying, recording, taping, Web distribution or information storage retrieval systems—without the written permission of the publisher.

Every effort has been made to trace the owners of copyrighted material.

Photo Credits: All images © Tom and Pat Leeson Nature Wildlife Photography.

LIBRARY OF CONGRESS CATALOGING-IN-PUBLICATION DATA

Cole, Melissa S.
  [Tigers. Spanish]
  Los tigres / by Melissa Cole.
      p. cm. — (Gatos salvajes del Mundo!)
  Summary: Describes the physical characteristics, behavior, habitat, and endangered status of tigers.
      ISBN 1-41030-002-1 (hardback : alk. paper)
  1. Tigers—Juvenile literature. [1. Tigers. 2. Endangered species.] I. Title. II. Series: Cole, Melissa S. Wild Cats of the World!

QL737.C23 C64 2003
  599.75'9—dc21

Printed in China
10 9 8 7 6 5 4 3 2 1

Contenido

Introducción 4

Miembros de la familia .6

El cuerpo del tigre 10

Rasgos especiales 12

Vida social 14

Cazadores expertos .16

Apareamiento 18

La cría 20

Los tigres y el hombre 22

Glosario 24

Para más informacion 24

Índice 24

Introducción

Los tigres son los miembros más grandes de la familia de los gatos. La gente durante mucho tiempo ha admirado su enorme fuerza y su belleza. En una época, los tigres se encontraban en el este de Rusia, China, el sudeste de Asia, India, y Pakistán, tanto como en la región del Mar Caspio y en una cadena de islas en Indonesia.

En cambio hoy se encuentran en menos sitios. Los científicos calculan que hace 100 años existían más de 100,000 tigres. Hoy, según los científicos, sólo hay entre 4,000 y 6,000 tigres en su hábitat natural.

Izquierda: Hoy sólo unos 6,000 tigres existen en su hábitat.
Al lado: Los tigres son los miembros más grandes de la familia de los gatos.

Miembros de la familia

Los tigres pueden dividirse en diferentes grupos según el área donde viven y su herencia. Todos los tigres son principalmente animales selváticos. Habitan todo tipo de bosque, desde los bosques lluviosos de India hasta los bosques abiertos de Indochina. El tigre siberiano vive en los bosques fríos y deshabitados de las montañas, donde en el invierno la temperatura puede bajar hasta 28º F bajo cero. El tigre de bengala aguanta temperaturas de más de 100º F.

El tigre siberiano vive en bosques fríos.

Ocho tipos de tigre vivían en Asia antes de 1900. Tres— el tigre balinés, el javanés, y el caspio— ahora están extintos. Quedan cinco especies.

Tigre siberiano

También conocido como el tigre amur, coreano, o manchú, el tigre siberiano es el más grande de todos los gatos. Puede llegar a pesar hasta 800 libras (363 kg) y a medir 13 pies (4 m) de nariz a cola. Se cree que sólo unos 200 sobreviven en su hábitat natural. Unos 800 tigres siberianos viven en cautiverio.

El tigre siberiano tiene pelo claro con rayas color chocolate. En el invierno, su pelo se hace muy grueso. Su hocico es más ancho que el de otros tigres. El macho es más grande que la hembra y a veces tiene pelo blanco alrededor del cuello, como la melena de un león.

Tigre de bengala

El tigre de bengala puede medir lo mismo que el tigre siberiano, pero su cuerpo es más pequeño. Su pelo corto varía en color de un amarillo claro a un anaranjado rojizo, con rayas negras. La medida mediana del macho es de 10 pies (3 m) de nariz a cola— ¡tan largo como un caballo!

Los tigres siberianos pueden pesar 800 libras.

El tigre de bengala tiene el cuerpo más pequeño y el pelo más corto que el siberiano.

Hay más tigres de bengala que cualquier otro tipo de tigre. Los científicos calculan que quedan entre 3,000 y 4,000 tigres de bengala en su hábitat natural.

Tigre del sur de China

El tigre del sur de China se ha encontrado tanto en los bosques como en las montañas rocosas del sur de China. Hoy, este tigre se encuentra principalmente en la región montañosa de la provincia de Hunan. El tigre del sur de China es un poco más pequeño que el de bengala, y tiene rayas más anchas. En la tradición china, se usan los huesos y otras partes de los tigres en ceremonias religiosas y medicinas. Estas prácticas han causado una grave reducción en la población de tigres. Los investigadores calculan que sólo quedan unos 20 o 30.

Tigre indochino

El tigre indochino o malayo vive en las densas junglas de Malasia, Tailandia, Birmania, y partes del sur de Asia. Es más pequeño que la mayoría de los otros tigres, con rayas oscuras, cortas, y estrechas. El tigre indochino no se ha estudiado tanto como las otras especies. Los científicos creen que habrá entre 1,000 y 1,700 tigres indochinos en su hábitat.

Tigre de Sumatra

El tigre de Sumatra se encuentra solamente en la isla de Sumatra en Indonesia. Es el más pequeño de los tigres que quedan en el mundo. En promedio, mide 8 pies (2.4 m). Los tigres de Sumatra son mucho más oscuros que otros tipos de tigre. Su color es más rojizo y tienen rayas anchas y negras. Es muy común la caza ilegal en Sumatra, y los científicos calculan que quedan menos de 1,000 tigres de Sumatra en su hábitat.

El tigre de Sumatra es el más pequeño de los tigres que quedan en el mundo.

El cuerpo del tigre

El cuerpo del tigre es suave y fuerte. En un zoo, el color y las rayas marcadas de un tigre pueden hacer que se destaque. En su hábitat natural, en cambio, las rayas rompen la forma del tigre y hacen que su color se mezcle con el de las hierbas altas o las rayas de luz en el bosque.

Los tigres son tan poderosos que pueden hacer caer a animales de peso doble del suyo. También son rápidos. A su máxima velocidad, un tigre puede cubrir 13 pies (4 m) con un solo paso y puede saltar a más de 23 pies (7.4 m).

Gran parte del peso de un tigre consiste en músculos. Estos músculos forman fajas tiesas en todas partes del cuerpo. ¡Los tigres son tan fuertes que pueden atacar a rinocerontes, arrebatarles la caza a cocodrilos, y arrastrar el cuerpo de un animal de tamaño doble del suyo por hasta un kilómetro!

Como otros gatos, los tigres tienen garras retractables (que se pueden sacar y meter). Están escondidas mientras camina el tigre para que se mantengan afiladas. Los tigres usan las garras para herir su presa de un solo golpe. Las garras también agarran a un animal para que no se escape. Los tigres usan sus largos colmillos para traspasar y matar su presa.

Los colmillos del tigre se usan para traspasar su presa.

A su máxima velocidad, un tigre puede saltar más de 23 pies (7.4 m).

Las muelas detrás de los colmillos funcionan como navajas. Los tigres tienen dientes incisivos muy pequeños para arrancar plumas y pelo.

La lengua del tigre está cubierta de pequeños salientes en forma de gancho. La lengüetada de un gato raspa como el papel de lija, pero ¡la de un tigre puede quitar piel! Usan la lengua para quitarle el pelo y el cuero a un animal muerto. Hasta pueden sacar la carne de los huesos.

La cola del tigre, que muchas veces mide lo mismo que el cuerpo, se usa para mantener el equilibrio mientras el tigre persigue y ataca su presa.

Rasgos especiales

Los tigres tienen ojos grandes, y su sentido de la vista es agudo. De noche, un tigre ve seis veces mejor que un humano. Los ojos del tigre tienen una membrana parecida a un espejo que refleja más luz en la oscuridad. El mismo tipo de membrana existe en los gatos comunes— se nota cuando, en ciertos tipos de luz, sus ojos dan un brillo verde.

Membranas especiales en los ojos del tigre reflejan luz en la oscuridad.

Los bigotes del tigre permiten que perciba objetos cercanos.

Los bigotes del tigre son muy sensibles. Estos pelos gruesos salen de los labios, las mejillas, el mentón, las cejas, y la parte interior de la pata. Permiten que el tigre perciba objetos que están cerca mientras acecha su presa.

Al igual que otros gatos, los tigres tienen un excelente sentido del oído. Sus orejas giran para escuchar todo sonido de la presa. Las tigresas tienen manchas blancas en la parte posterior de las orejas para facilitar que los cachorros las sigan entre los bosques densos.

El olfato también es importante. Los tigres usan la nariz para encontrar comida y parejas, y para evitar enemigos, tales como los humanos.

Vida social

Todos los tipos de tigre tienen en común ciertos comportamientos. La mayoría de los tigres son solitarios— viven solos. La principal conexión social ocurre entre la madre y sus crías. Los machos y las hembras sólo forman parejas temporalmente, para aparearse.

Los tigres jóvenes muchas veces vagan como nómadas durante varios años antes de poder tomar el control de un territorio. El territorio de un macho puede cubrir parcialmente el de una o varias hembras, según el tamaño y la fuerza del macho.

En áreas como India o Nepal donde la presa abunda, el territorio de un macho puede cubrir de 20 a 385 millas cuadradas (32-620 km). En Siberia, donde el clima es duro y la comida escasa, el territorio puede extenderse de 200 a 1,500 millas cuadradas (322-2,414 km).

Los tigres pasan la mayor parte de su vida a solas.

Los tigres se comunican al vocalizar—es decir, rugir, silbar, y gruñir. También usan lenguaje corporal y olores o señales químicos. Los machos marcan su territorio rociando orina en los árboles, arbustos, y hierbas en los extremos del área. Las hembras muchas veces rocían orina cuando están listas para aparearse.

Los tigres también tienen muchas glándulas de olor. Estas glándulas se encuentran alrededor del hocico, en las mejillas y el mentón, entre los dedos, y en la base de la cola. Los tigres pueden dejar un rastro en cualquier sitio donde se acuestan, caminan, rasguñan el tronco de un árbol, o raspan la tierra con las patas traseras. Estas marcas de olor son como mensaje en un contestador automático. ¡Otros animales saben quién dejó la marca, cuál era su mensaje, y cuánto hace que se dejó!

Los tigres también tienen un órgano especial en el paladar que se usa para "saborear-oler". Cuando un tigre abre la boca y frunce la nariz, saborea el aire como lo hace una serpiente al sacar la lengua.

Los tigres marcan su territorio con huellas de olor y rasguños.

Cazadores expertos

Los tigres figuran entre los animales de presa más poderosos de la Tierra. Pueden emboscar a su presa desde una distancia hasta de 30 pies (9.1 m). Tienen patas suaves y sensibles que los dejan deslizarse por la jungla sin ruido.

Un tigre de bengala se acerca para el ataque final.

Los tigres pueden atacar desde atrás o desde un lado para matar con una mordida repentina en la nuca o la garganta. Los tigres pueden comerse hasta 60 libras (27.2 kg) de carne en una noche. Un tigre normalmente caza animales grandes que lo alimentan por varios días. Los tigres siberianos cazan alces, venados, y jabalíes. Los tigres de bengala atacarán elefantes juveniles, rinocerontes, venados, búfalos, y jabalíes. Después de matar un animal grande, el tigre normalmente lo arrastra hasta un lugar seguro donde se alimenta del cuerpo durante varios días. Cuando un tigre pasa hambre, también caza mamíferos pequeños, pájaros, ranas, y peces.

De día, el tigre pasa la mayor parte del tiempo durmiendo o bañándose en un riachuelo o charco. Al anochecer, espera la presa que llega al charco para beber. Un tigre tiene que estar callado. Si un animal percibe la presencia del gato, da la alarma y espanta toda la presa al alcance del oído. Un tigre fracasa en 9 de cada 10 intentos de caza.

Los venados son una presa preferida de los tigres.

Apareamiento

Un tigre macho puede compartir su territorio con muchas hembras, dependiendo de su tamaño y fuerza. El macho permite que la hembra, o tigresa, entre en su territorio porque sabe que eventualmente ella le dará la oportunidad de procrear.

Los tigres se aparean durante todo el año, pero principalmente de noviembre a abril. Cuando la tigresa está lista para aparearse, se pone inquieta y ruidosa. Sus ruidos les dicen a los machos que busca pareja. También ella dejará huellas de olor en los arbustos y árboles cercanos. Los tigres machos que encuentran estas huellas perseguirán a la hembra. Las tigresas pueden aparearse con más de un macho. Los machos competirán entre sí para atraer la atención de la tigresa. El macho más grande y más fuerte normalmente gana estas batallas y el perdedor se retira.

Los machos se pelean para atraer la atención de la hembra.

El macho y la hembra pasan varios días juntos durante la época del apareamiento.

Una vez que la pareja está a solas, se dan la vuelta el uno al otro, vocalizando. Luego cuando se acercan, se tocan ligeramente con el hocico o se frotan con todo el cuerpo. Eventualmente la hembra se acuesta y los dos aparean. Esto ocurre muchas veces durante un periodo de varios días. Cuando se termina este comportamiento, el macho se va, dejando a la hembra para criar los cachorros.

La cría

Las tigresas están encintas por un poco más de tres meses. Durante el embarazo, la tigresa busca una guarida segura y retirada en donde dar a luz. La tigresa normalmente pare una camada de entre dos y cinco cachorros, cada uno de los cuales pesa aproximadamente 2.5 libras (1.1 kg). Los cachorros nacen con los ojos cerrados y están completamente indefensos durante las primeras dos semanas. Después de unos días, la tigresa sale brevemente para cazar. Necesita alimentarse para seguir produciendo leche.

Los cachorros pasan gran parte de sus días jugando juntos.

Los tigres juveniles son indefensos contra los animales de presa. Sólo uno de cada dos cachorros sobrevive para llegar a la madurez.

Mientras pasan las semanas, los cachorros siguen creciendo. Aunque todavía les da de mamar, la tigresa empieza a llevarles pedazos de carne. Cuando pueden comer más comida sólida, les lleva un animal entero y deja que se alimenten solos.

Una madre da de mamar a sus cachorros.

A los dos o tres meses, los cachorros salen de la guarida para explorar su entorno. Para los seis meses, pasan la mayor parte del tiempo explorando y jugando.

Eventualmente, la tigresa permite que los cachorros la acompañen en la caza. La mamá es muy estricta. Si un cachorro hace ruido mientras ella intenta cazar, ella gruñe o le rasguña su sensible nariz. Las lecciones de caza continúan durante más de un año. Cuando los cachorros están listos para empezar a cazar, la tigresa les lleva animales heridos y deja que los maten. Eventualmente deja que los cachorros hagan la mayoría de la caza.

Más o menos a los 18 meses, la tigresa empieza a dejar solos a los cachorros durante largos periodos. Al principio, regresa para asegurarse de que coman lo suficiente. Después de un rato, deja de regresar.

Los cachorros se quedan juntos por entre dos y ocho semanas. Luego, cada cachorro sale para establecer su propio territorio y llevar la vida de un tigre adulto.

Los tigres y el hombre

La caza ha puesto en peligro a muchas especies de tigres.

Por toda la historia, los tigres han fascinado a los humanos. Los romanos usaron tigres contra humanos en peleas. Los emperadores chinos entrenaron a los tigres para cazar otros animales. Hoy los tigres se ven en zoos y circos. Desafortunadamente, los tigres están en peligro de extinción. Los humanos son su enemigo principal. Las personas los cazan por su pelo, sus huesos, y otras partes del cuerpo. Los tigres se ven forzados a vivir en pequeñas zonas de junglas que rápidamente desaparecen.

Por estas razones los tigres y los humanos son malos vecinos. Los tigres cazan ganado si no tienen suficiente presa natural. Algunos tigres viejos o enfermos hasta han atacado y matado a seres humanos.

Muchas personas trabajan por rescatar los tigres que quedan en su hábitat natural. En 1972 India inició "el Proyecto del tigre," que reservó áreas protegidas en donde podrían vivir los tigres. Hoy el programa tiene 23 reservas. Algunos zoos han establecido programas de cría de tigres. Los científicos constantemente intentan aprender más sobre los tigres y sus necesidades, y siguen con atención el número de tigres que existen. Esperan que con suficiente ayuda, estos animales fascinantes puedan sobrevivir.

Datos sobre el tigre de bengala:

Nombre científico: Panthera tigris tigris
Altura al hombro: 36–38 pulgadas
Longitud del cuerpo: 9–10 pies
Peso: 395–580 libras
Color: Anaranjado con rayas negras
Madurez sexual: Hembra, 3–4 años; macho, 4–5 años
Embarazo: 3–4 meses
Cachorros por camada: 2–4
Alimentos preferidos: Venados, búfalos, jabalies, y monos
Extensión: Pequeñas poblaciones a través de India, más numerosos en Bangladesh y la Bengala occidental

Glosario

aparearse, procrear Encontrar pareja y producir crías

extinto Que ya no existe

herencia Las características que los padres pasan a sus hijos

membrana Una capa muy fina de tejidos en ciertos órganos o células

presa Un animal al que otros animales cazan para comer

Para más informacion

Libros

Levine, Stuart P. *The Tiger* (Animales y hábitats en peligro). San Diego, CA: Lucent Books, 1998.

Schafer, Susan. *Tigers* (Animales, Animales). Tarrytown, NY: Benchmark Books, 2000.

Stonehouse, Bernard. *A Visual Introduction to Wild Cats* (Animal Watch). New York: Checkmark Books, 1999.

Thapar, Valmik. *Tiger: Habitats, Life Cycles, Food Chains, Threats* (Mundo natural). Chatham, NJ: Raintree/Steck Vaughn, 1999.

Sitio en la Web

Cyber Tiger—*www.nationalgeographic.com/features/97/tigers/maina.html*

Índice

Aparearse, 18–19

Cacería, 10, 16–17, 21

cuerpo, 10–11

Dientes, 10–11

Garras, 10

Humanos, 22–23

Jóvenes, 19–21

Miembros de la familia, 6–9

Olor, 13, 15, 18

ojos, 12

Rasgos especiales, 12–13

Tigre de bengala, 6, 7–8, 17

tigre de sumatra, 9

tigre del sur de China, 8–9

tigre indochino, 9

tigres siberianos, 6, 7, 17

Vida social, 14–15